德国幼儿园趣味课程

幼儿园媒体教育

【德】安特耶·博斯特尔曼 著　　叶小红 译

上海教育出版社
SHANGHAI EDUCATIONAL
PUBLISHING HOUSE

目 录

前　言

　　当听到孩子们在讨论"如何使用数字媒体"时，有个问题在我的头脑中浮现——我们凭什么来认定一个人是否具备媒体素养？鉴于媒体素养关乎孩子们能否在今天和未来的数字与媒体世界中生存，成为他们迫切需要具备的能力，因而很多人都希望学校教育中要确保孩子们获得这些能力。

　　媒体素养是社会发展对现代教育工作提出的新要求。"德国媒体教育学之父"迪特尔·贝克（Dieter Baacke）对媒体素养的定义是，"从字面意义上说，媒体素养无外乎指人们主动地利用各种媒体开展交流与行动的能力"[①]。然而，我们也要意识到"媒体"一词的内涵正在迅速地发展和变化，书籍、杂志、电视、电脑、平板电脑都已纳入媒体的范围。现在，人们可以很方便地利用媒体浏览自己想要了解的信息，并运用自身的认知和一些工具对信息加以处理。有人对此表现出担忧，信息可以通过任何可访问的媒体进行传播（在过去，传播信息的"媒体"仅指书籍和报纸，现在电视和互联网也被纳入其中），这其实是把"双刃剑"：一方面，信息可以保护人们免受

[①] Baacke, Dieter (1996). *Medienkompetenz: Begrifflichkeit und sozialer Wandel.* In: von Rein, Antje (Hrsg.): Medienkompetenz als Schlüsselbegriff (S. 112-124). Bad Heilbrunn: Klinkhardt. Hier: S. 119

操控；另一方面，信息反过来也有可能成为操控大众的途径。"假新闻"的传播就凸显了这一问题的严重性。信息操控与教育之间的这种紧张关系，使得"在教育中使用数字媒体"持续成为讨论的焦点。

事实上，针对"是否应该允许小孩子看屏幕"的讨论，就会有人用想象出来的危险场景警告家长：不要让孩子使用屏幕媒体。尽管此类问题的讨论异常激烈，但这些讨论最终几乎都没有具体的结论。在数字世界，数字技术的运用给交流、自我展示，以及有用的和无用的信息消费带来了前所未有的可能性。无论是快速地搜索一个外来词，还是获取一条明确的信息（如下一趟公交车的发车时间），日常生活中越来越多的情景都离不开数字技术的支持。数字技术的进步是否对我们的生活有意义，这其实并不重要。因为数字技术就如同渴望冒险的青少年一样，会不断去尝试，它既在学习，同时也在积累经验。当然，并非数字技术的所有改进都会被人们追捧，有一些技术很快就被遗忘了。孩子们通过数字技术获得的体验和所有发展，都会很自然地成为其生活经验的组成部分。我们也许应该反复强调一个简单的事实：现在的孩

子既不比几年前的孩子聪明，也不比几年前的孩子愚笨，他们也似乎没有特别地受到来自数字技术的威胁。孩子们还是一如既往地有好奇心，还是那样喜欢冒险和渴望学习。孩子们身上具有的这些特性足以让他们能应对自然现象和社会规则，甚至也能帮助他们解决数字技术和设备及其功能方面的问题，并有针对性地去使用它们。因此，成人应该以开放和自信的态度支持孩子们去探索数字技术。

在我童年的时候，拥有一部电话是一件很了不起的事情。我父亲有一部老式电话，它像黑色怪物一样，有一个拨号盘和一个沉重的听筒，平时听筒必须搁在固定的位置上。由于我的父母都是医生，所以家里这部电话很重要。每当医院有紧急的事情时，比如要抢救病人，或者有病人需要做紧急手术，就会给我父母打电话。然而，当时在社会上流传着这样一个故事：坏人（尤其是男人）会打电话给孩子，引诱孩子去做危险的事情。大人们常常告诫说，假如接到陌生人打来的电话，就要立即挂断。那时，我的头脑中满是想象出来的坏人的故事，这让我陷入深深的恐惧，几乎快到无法入睡的地步。毫无疑问，往我们家打电话的人通常是我不认识的，只要接到陌生人的电话，我就会立即把电话挂断。我的行为极大地干扰了我父母的急救工作。

　　通过这段童年的记忆，我想澄清的是：其实让我做噩梦的不是电话，而是成人给我讲的那些故事。他们把打电话这么简单的事情说得如此危险，让我对陌生人的来电心生恐惧。

　　令人遗憾的是，此类情况经常发生。尽管成人的初衷是想保护孩子，使其避免各种风险，但有时他们也会出于好意说一些吓唬孩子的话。很显然，焦虑会让孩子变得心神不宁（成人也是如此），使孩子在危险的情况下不能做出对身心健康有益的反应。

　　我们也可以将这样的思维方式迁移，思考我们应该如何正确应对日常生活的数字化，以及由数字化带来的交流和社会共存方式的改变。对于这些改变，我们能给您提供的唯一建议是：保持冷静。孩子们正在探索世界，正在适应复杂而快速变化的世界。与其惊慌失措、杞人忧天，不如与孩子们一起学习，做各种尝试后形成自己的观点。唯有以这样的方式与孩子们共处，我们才能真正成为孩子们的导师，引导他们在数字世界中遨游。

　　那么，让我们开始吧！让我们无所畏惧地接触各种媒体，带着好奇心和开放的心态去学习如何在有意义的教育环境中使用它们，并创造属于我们自己的媒体作品！本书收集了一系列教育点子、项目活动及建议，旨在发展幼儿园大年龄孩子的媒体素养。本书中的这些创意来自位于柏林的 Klax 幼儿园的彩虹之家、Klax 小学和 Klax 创意工作室。

　　我们希望从事幼儿园工作的专业人士能够将我们的建议付诸实施，并希望大家能将实施后的情况反馈给我们！

安特耶·博斯特尔曼

2018 年 10 月

"媒体教育陪伴青少年及更年幼儿童的成长，并对他们实施有关媒体的教育。"[1]

迪特尔·贝克提出媒体素养的维度[2]：

- **媒体学习：**媒体包括哪些？媒体以什么方式提供信息？阅读、写作和使用电脑都属于媒体学习。
- **媒体使用：**接受性的媒体使用与主动性的媒体使用，是看电视、读报，还是自己传播信息。
- **媒体设计：**全身心投入，开发新媒体。
- **媒体批评：**了解媒体知识，对个体的媒体使用情况进行批判性评价。

孩子们会提出各种问题，并希望得到解答。在为孩子们提供媒体教育活动时，我们应该始终结合早期教育的环境因素。

到了上幼儿园的年龄，孩子们已经知道自己和家人所处的世界是如此纷繁复杂，每个人都不可能亲自去察看世界上的每件事物。他们还知

---

[1] Baacke, Dieter (1997). *Medienpädagogik*. Tübingen: Niemeyer. Hier: S. 57

[2] Baacke, Dieter (2001). Medienkompetenz als pädagogisches Konzept. In: Gesellschaft für Medienpädagogik und Kommunikationskultur (GMK): Medienkompetenz in Theorie und Praxis. Broschüre im Rahmen des Projekts "Mediageneration – kompetent in die Medienzukunft" (gefördert durch das BMFSFJ).

道，古人的生活条件与今天的人们截然不同。

现在，即便我们从未去过某个地方，也能知道许多相关的信息，比如其他国家的情况，古人生活的环境，有关身体的知识或有关深海动物的知识。这些信息是通过书籍、电视、电影、网络等媒体获得的。我们所知道的任何知识，都是从某个地方、某个时间和某个人那里得到的。

这是真的还是假的？

幼儿园的孩子都是充满好奇心的学习者。他们对周围的世界非常感兴趣，总是渴望了解事物是如何运作的。另外，他们也希望搞清楚事情的

真相。因此，很多时候孩子们的讨论总是围绕着这样的问题："这是真的还是假的？"这里讨论的重点其实就是想搞清楚"哪个孩子说的话是对的"，或者说"哪个孩子知道真相"。但在孩子们看来，信息的真假问题似乎应该由成人来判定，他们常常会说"但我妈妈说……"。孩子们的讨论会让人很快意识到：信息的真实性问题不仅关乎对错，也关乎权力，那些知道真相的人拥有权力！

事实上，信息真实性的问题并非只发生在儿童身上，这是信息政策的本质特征与社交媒体及其功能相互交织的产物。与权力有关的"真相游戏"，加之高水平的消费意愿，就形成了操控的理想温床。当幼儿园的孩子合谋去欺骗或者捉

弄另一个孩子时，此类把戏就已经开始了。甚至成人也有可能成为孩子们捉弄的受害者——这些幼稚的把戏本身就是社会性互动的一部分。

哪些事情是我们可以做的？

案例：布鲁诺、康拉德和米卡三个小朋友做了个约定，当苏珊娜老师来找他们时要躲起来，大家都不要出声。有一次，苏珊娜老师带着孩子们在花园里玩，要回教室吃午饭时，这三个孩子故意躲在玩具柜的后面。当所有孩子都在桌子旁坐下来准备用餐时，苏珊娜突然发现那三个男孩不见了。她请同事帮忙照看教室里的孩子，自己跑到花园里找他们。然而，花园里空空如也！苏珊娜心里"咯噔"了一下。她把教室内外找了个遍，依然没有找到这三个男孩！此时，她只能向园长报告，园长当即报了警。看到警车开来，警灯不停地闪烁，三个男孩自己从躲藏的玩具柜后走了出来。三个孩子咯咯地笑着，而此时的苏珊娜早已吓得脸色煞白。

哪些规则是我们应该遵守的？

人类社会的发展始于即使幼小的婴儿也知

道自己能引起环境的反应。比如，婴儿知道通过动作能让自己的身体移动，或让铃铛发出声音；婴儿还知道，如果自己发出哭闹声，妈妈听见了，会跑过来给自己喂食。孩子们知道，做出某个动作之后，就能收到某种反馈！这个简单的法则同样可以应用到孩子的社会性发展中。在生命初期，孩子就会意识到，自己做出一个动作时会得到他人的回应。幼儿园的孩子是有同理心的，这意味着他们能感受到他人的情感，也能学会遵守社会规则，甚至还会提醒他人也要遵守这些规则。他们会相互提醒什么样的行为是允许

的，什么样的行为是要制止的。无论如何，他们都在社会性发展中成长，恶作剧和捉弄也能帮他们达到这个目的，因为恶作剧让孩子检验了自己对他人的影响力。

作为社会性动物，我们人类生活在与他人的关系中：一个由家庭、托幼机构或学校班级等构成的社会系统中。社会系统给我们每个人带来了安全感和归属感。通过与不同社会系统的人进行比较，比如"我爷爷告诉我，他过去总是……"，我们能获得文化方面的信息。社会系统还有助于我们理解并遵守社会规则，比如"在

幼儿园，我们总是这样做的……"。

　　在幼儿时期，孩子们与他人建立友谊，与兄弟姐妹共同生活，这都是一种有意思的经历，可以让孩子从中体验到嫉妒、羡慕、难为情，以及其他矛盾的情感。随着年龄的增长，孩子对这些情感的体验会更加深刻。

　　以下社会性发展原则也为孩子之间的交流提供了框架。孩子们可以从简单的交谈规则开始学习如何交流，比如，大家不能同时说话，轮到你说的时候才说，不要随意打断别人说话等。接着，孩子们会用更复杂些的规则来约束自己的行为，比如，要清楚地表达自己的想法，永远要讲真话，不要冒犯别人，也不要跟别人吵架。通过群体内部的控制，孩子们能越来越好地遵守这些沟通规则。

　　至关重要的一点是，在教育过程中，媒体的使用要同时考虑孩子的社会性发展。当然，社会性发展是一个贯穿终身的、复杂的实践领域。对教师而言，最为重要的是，要把与孩子探讨"我们社会的真相与规则"作为教育中运用媒体的起点。

2 为何信息的判断与组织能力
在未来如此重要？

无论是阅读康德的书，还是在网络上查找与康德有关的内容，独立而批判性的评价都是核心——个体应该有能力充分评估一种情形或一种表述，并在理性思考的基础上给予回应。如果我们放弃思考，把越来越多的决定权交给应用程序，这一核心就会受损。

谁能想象，如果没有了互联网和智能手机，今天的世界将会怎么样？近几十年的数字化发展已经清楚地告诉我们，媒体网络和互联网的应用，显然离不开我们的判断能力和组织能力。然而，个体的这两种能力并非天生的，必须通过学习和练习才能获得。幼儿园时期就应该开始打下基础，这样孩子才有可能在未来运用自己的判断能力和组织能力，从 24 小时无所不在、随手可得的信息洪流中筛选出重要的、正确的信息并加以分类。

孩子常常会认为别人告诉他们的信息都是真实的，尤其当信息是由照料他们生活的成人提

供时，这种信任感会更强烈。有时，孩子们会质疑那些他们觉得不可信的，或者与他们先前的经验不一致的信息。但是，这取决于他们的前期经验和年龄。信息要成为知识，通常需要收集"证据"来证明该信息是真实的。所谓的"证据"可以是观察现实世界的结果，也可以是另一位家庭成员或同伴反复提及的信息，还可能是来自杂志、电视或网络的解释。

质疑和验证信息的过程非常重要。越是加强对孩子判断能力的训练，孩子就越能自信地在信息洪流中遨游。

对于所谓的"真理"，孩子们很少接受，时常质疑，反复探究。孩子们往往一而再地问"傻"问题，但他们能跳出成人思维的定式，无视思想的禁忌，甚至质疑这种禁忌，因为他们对既定的范式一无所知。随着孩子的成长，这种独立思考、提问时天真的"不尊重"，以及不受约束的创造力等特质，会在他们身上逐渐消失——或许成人原本可以更好地运用孩子身上的这些特质。

一旦我们确定了自己需要的信息，就必须对信息进行检验和分类。收集到的可用信息越多，对信息进行组织和分类就越重要，只有经过这样处理，才能使自己专注于最重要的信息。

然而，凡事总是说起来容易，做起来难。每个人并非天生具备这种组织能力。孩子必须在学习的过程中逐步获得这种能力。组织能力不仅涉及按某种顺序把事实联结起来以形成合理的解释，还关乎信息传递的方式，以及信息中蕴含的情绪，这种情绪会使信息更易于处理和检验。

学习过程本身也需要组织能力。在今天，想要用一口气吃成胖子的方式去储备、吸收和消化知识已变得越来越难，尽管很多人可能仍然习惯于以这样的方式来获取知识。知识的获取越来越需要依靠个体的组织能力，其背后隐含的问题是：当孩子专注于某项任务时，他如何组织自己头脑中的想法？如果想要培养孩子将自己的想法组织起来的能力，就要给他提供机会去练习。不妨从以下这些小方法开始练习：阅读时，用彩笔在重要的或不理解的词语下划线；幼儿园组织旅行时，列出大家共同的行程安排及需要孩子们各自记住的事项；团队合作时，应该提醒孩子们事先考虑如果有人违反规则怎么办；在项目活动中，通过视频或 PPT 清晰地罗列想法并展示出来。即使以视频的方式展示自己的想法，也要先就拍摄什么内容达成明确的协议，而不是随心所欲地想拍什么就拍什么。

3

孩子们需要知道的媒体知识

一般情况下，人们常常不太区分"媒体"一词到底是指"媒介"还是指"信息"，这往往取决于不同的解读。"媒介"是指某一种传播方式，如借助图书、电视、报纸等；"信息"则指向内容，如书中的故事，电视上的节目，报纸上的报道等。而图书、木偶剧、电视、杂志、电脑或平板电脑等所有的传播媒介总称为"媒体"。

因此，教师应该对不同的概念做出明确区分。下列问题有助于教师对此有更好的理解。

· 信息是如何被传递和发布的？信息是如何被制作或播放的？（技术设备，数字平台，还包括书籍、杂志等）

· 如何在信息中嵌入情感？（如故事或电影）

· 信息本身意味着什么？

这种区分有助于人们更好地理解：信息是如何发布和传播的；它让谁受益；它如何挑战我们的判断能力。尤其当信息与叙述性故事及图片之间存在着某种情感联系时，孩子（也包括成人）往往很难辨别哪些是信息的事实部分，也很难评估信息内容的准确性。因此，教师要帮助孩子理解：媒体是由人制作和运营的，想象和设计出来的东西会与真实的信息混合在一起，比如表情包。

下文的例子非常具体地表明，孩子是如何处理信息的。

信息是如何从 A 传递到 B 的？

幼儿园的孩子对交通这个话题已经很熟悉了。他们在这方面积累了相当多的经验，因而能够想象物品是如何运输的。信息也需要"运输"，才能在人与人之间传递。教师可以用各种方法让孩子们理解这一点。

请孩子们去趟邮局也许是个不错的主意。生活中有很多信息是通过信件传递的，试试让一组孩子写一封信，再请他们把信寄出去。还可以请孩子们在互联网上搜索"漂流瓶收集者"，以解答"人们为什么要把信息写在纸上，然后装在瓶子里并放到河里去"等问题，甚至可以请孩子通过视频通话采访收集漂流瓶的人。当然，也可以通过张贴在幼儿园公告栏的海报，将信息传递给许多人。还可以用电脑以电子邮件的方式传递信息，可以请一组孩子尝试用电子邮件向班级所有孩子的父母发送邀请信，请他们到幼儿园参加活动。

这是他们真正想要表达的意思吗?

人类的语言非常了不起，但语言也会给人们的交流制造一些陷阱，导致人与人之间产生误会。幼儿园的孩子可能已经经历过这种误会。如何才能确保信息正确地传递呢？有些词的发音非常相似，孩子们可以在游戏中以押韵的方式练习这些发音。孩子们很喜欢想出一些押韵的词，然后一遍一遍重复地说。他们还知道，有些词的意思可能会根据上下文而有很大的差别。例如，"gehen"这个词能表达许多不同的意思：一个设备坏了，再也无法"运转"了；爸爸"去"购物；体育课上他们兴奋得"发"疯了。语言上的误解很常见，孩子们也知道有时候人们会因为一句话而产生误会。

这种情况经常发生在笑话里，甚至有些游戏就是利用了人们对语言的误解而设计的，比如游戏"拷贝不走样"。在幼儿园阶段，教师可以回应孩子的这些前期经验并与孩子一起讨论：如何才能确保信息是按你的本意传达的呢？发送语音信息的效果是否会比发文字信息更好？什么情况下最好不要发短信，而是等到第二天打电话沟通？教师可以引导孩子进行这方面的练习。先请一组孩子想一想，编一段告诉另一组孩子的信息，然后组织语言，尝试把信息清楚地表达出来，而又不会引起误解。

教师可以请孩子们围坐成一个圆圈。先请第一个孩子给故事开个头（比如，可以是关于"秋天"的话题），轮到下一个孩子时，他要把这个故事继续编下去，以此类推，直到所有孩子都轮到一次。这样，这个故事的情节发展就会变得不可预测。设计这个游戏的意图是要让孩子们明白：大家谈论同一话题的视角是多么不同！

这种方式也适用于用故事骰子或故事卡片讲故事。很重要的一点是，这个游戏结束时，教师要和孩子一起反思刚才的经历：故事的结尾是不是和你原来设想的不同？你是不是特别喜欢刚才克拉拉讲的那段内容？

对孩子们来说，新闻无处不在。清晨去幼儿园的路上，他们可能就会听到播报的新闻：哪位名人刚刚崭露头角，哪个国家发生了武装冲突，现在的道路交通状况如何，今天的天气如何等。孩子们还会从大人手中的报纸上看到有关展览的消息，或晚间新闻的图片。

在幼儿园阶段，教师就应该问孩子"什么是新闻？它在我们的生活中有什么作用？"，并组织孩子们讨论。教师可以和孩子们一起探讨：信息在什么时候会变得重要以至于成为一则新闻。一开始，教师可以尝试和孩子们一起收集对日常生活有影响的信息，例如：中午12点吃午饭；今天睡觉前会有人来接麦克思；穆勒老师病了，这星期得待在家里，等等。接着，教师可以请孩子们一起思考新闻中包含了什么信息，这样就能引导孩子们逐渐认识到——新闻是很多人可能感兴趣的信息，这些信息会影响人们的生活。最后，可以请孩子们思考，什么信息对幼儿园所有人都很重要。甚至，教师可以鼓励这群参与讨论的孩子去创建一个新闻博客，或办一份属于自己的报纸！

为什么要保护个人信息?

　　有些信息是受保护的,应该保密。教师可以和孩子们一起讨论什么是秘密,应该如何保护秘密。在讨论中,教师可以向孩子们解释"隐私"一词的含义,以及应该如何处理隐私。教师如何才能把这个复杂的话题跟孩子们解释清楚呢?

其实并不难。所谓隐私,是指这些资料涉及个人信息,如姓名、出生日期、电话号码等。由于这些信息非常敏感,因此德国有一条法律专门对此做出规定——每个人都有权决定除了自己之外,谁可以获取这些信息,谁不可以获取这些信息。

在成人世界中,媒体扮演着重要的角色。很多家长有每天晚上读报纸或看新闻的习惯。人们谈论新闻,形成某个观点,对事件进行分类……为什么不可以让幼儿园的孩子们设计制作一份自己的报纸呢?这样,孩子们就可以在晨会时讨论新闻了。

教师可以就以下问题与孩子们一起探讨:

- 为什么这条信息重要到要放在头版呢?

- 这些信息对我们的生活意味着什么?

- 我们如何判断信息是正确的、几乎正确的还是不正确的?

- 会不会是记者搞错了?

身体疲劳了，或者并不完全了解某个事物，都可能导致人犯错。这些原因也可能导致信息有错误，甚至会通过报纸把这些错误的信息传播出去。教师可以请部分孩子故意设置一些有错误的信息，然后把这些错误信息传递出去。通过这个活动可以让孩子了解，需要多长时间，多少步骤才能证明信息是错误的；并且事后一定要反思：为什么我们一开始会认为这些信息是正确的？

在幼儿园至小学的过渡阶段，孩子处于一个特殊的发展阶段，其特点就是喜欢与"真相"或"谎言"较真。这个年龄的孩子已经有自己的好朋友了，他非常渴望加入某个同伴群体，并会琢磨如何进行社会交往。有时，孩子之间也会有嫉妒和冲突：有的孩子会把别人的东西拿走，有的孩子被戏弄或遭到排斥。孩子们学会了欺骗，甚至学会了说谎。

基于孩子们的这些经验，教师可以和孩子们谈论"新闻的真实性"这个话题，并讨论判断某件事是否真实的方法。孩子们需要理解，为什么有的人要欺骗别人，为什么有的人会故意把小孩子引到偏僻的小路上去。

可以请孩子们利用互联网来检验信息的真实性。先请孩子们在网站上获取某个有趣的场所的信息，或者查阅幼儿园附近某处的照片或文字。接着，请孩子们自己去实地走一走，以核实信息的真实性。

教师还可以与孩子们一起用搜索引擎搜索多个不同含义的词，并分享搜索结果，讨论搜索结果是否符合预期或者真实情况。

请孩子们了解"信息""新闻"和"观点"之间的区别，也是个不错的主意。

- 信息是关于某一事件的消息。
- 新闻是呈现信息。新闻客观地将某一特定的时事告诉读者、观众或听众：谁、何时、何地、做了什么事，以及为什么做这件事。新闻还必须告知所有人，信息的来源是什么。
- 观点是对信息做出评价，并传递关于某一事件的具体看法。例如，一个观点可以涉及对某个事实的评价，这种评价甚至带有某种情感。

我们生活在一个相对和平的年代，一个多年来繁荣与安全的国度，但这不等于世界上所有人的生活境况都是如此。孩子们也会逐渐认识到这一点。

很多幼儿园的孩子已经对主要的新闻媒体略知一二，也对家长如何使用媒体有所了解。在孩子们看来，生活中的某些经历是非常自然的，比如，世界上某个地方发生了灾难。把灾难事件掩盖起来不让孩子知道，不是明智之举。较为妥善的做法是，成人和孩子谈论此类灾难事件，向他们解释灾难事件中的各种关系，在教育背景下呈现灾难事件，使孩子更易理解灾难意味着什么。

成人可以表达自己对于灾难的担忧，但请不要忘记，对孩子来说，成人本身就是安全和稳定的象征。所以，成人不断地向孩子重复灾难事件有多可怕，这并不可取。相反，成人应该帮助孩子试着理解所发生的一切，了解现在有哪些措施可以缓解灾难对人们生活造成的影响。这么做的目的并不是要用灾难事件发生的背景及原因去解释和消除孩子对该新闻的恐惧，而是为他们提供一个提问的机会；教师甚至还可以向孩子提供一些可行的建议，比如在幼儿园组织赈灾活动。

成人应该如何与孩子谈论可怕的灾难事件?

- 对事件的解释要符合孩子的认知水平。

- 说话要轻声细语、深思熟虑、实事求是。

- 及时回应孩子提出的问题。

- 与孩子一起讨论我们可以做什么,在幼儿园组织小型的赈灾活动。

孩子会观察家长是如何从互联网上获取信息的，家长是如何评价这些信息的。对孩子来说，互联网如同一个巨大的机器，里面装满了知识与真相。他们饶有兴趣地探究这些信息的来源。

其实，向孩子解释"什么是互联网"是件很容易的事情，因为他们已经知道世界上有许多电脑，可以引导他们想象这些电脑相互连接，并形成了一个大网络。教师可以请孩子想一想，他们还知道哪些网络。例如，一个家庭就是一个网络；一个人有许多朋友，可以称之为朋友圈，也可以称之为朋友网。

为了让孩子搞清楚这一点，教师可以让所有孩子围坐成一个圆圈。每个孩子面前放一个纸盒，纸盒里放一些物品，每个纸盒代表一台电脑。教师用胶带将这些纸盒连接起来，这个环节也可以请孩子一起帮忙完成。最后，可以看到每个孩子面前的"电脑"与其他孩子的"电脑"用一条条胶带连接在一起。这样，抽象的互联网就变得直观而具体了。

教师请一个孩子从自己面前的纸盒里取出一件物品，并沿着胶带传递给另一个孩子。如果有孩子需要这件物品，他就可以把自己面前的纸盒打开，并将这个物品放入纸盒。但如果有人从纸盒里拿出一个可怕的怪物，所有孩子应该迅速把自己的纸盒盖上。

　　游戏后，教师可以向孩子解释，有些电脑会通过网络发送邪恶的或可怕的"病毒"。就如同游戏中盖上纸盒一样，大多数电脑可以通过关上"门"来保护自己。上网搜索信息时，务必要小心。

　　教师还可以请孩子玩"互联网搜索"的游戏，先请一个孩子大声说出自己的需求"我在找一个……"，其他孩子听到指令后就可以在自己的纸盒里找一找，如果找到了这个物品，就沿着胶带递给发出指令的那个孩子。假如多人同时提供符合要求的物品，那么发出指令者必须决定接受谁的物品。

把收集起来的物品放入纸盒，当有人求助时就从纸盒中找出符合要求的物品，这个过程其实需要很多环节。教师可以向孩子解释，互联网把许多计算机联系起来，这样人们就能在互联网上搜索信息或提供信息，这其中的工作程序非常复杂。检索信息的工作不是由人完成的，因为在计算机和网络世界中搜索信息需要花费很多时间，这就是需要算法来帮忙的原因。

算法是一种非常精确的指引，它按照"如果—那么"的原则，以循序渐进的顺序运行："如果你数到 100，你就可以开始搜索……"算法的运行基于一个简单的模式，即按某个特定系统重复运行。通过识别日常生活中人们做事（如刷牙）的步骤，并按正确的顺序对这些步骤进行排列，孩子就能掌握算法的基本原理。教师可以用带有图片提示的卡片帮助孩子们开展这方面的练习，让孩子通过操作后发现，以错误的顺序执行这些步骤会出现什么状况。最后，教师要告诉孩子：在生活中要理顺做事情的顺序，算法运行的道理也是如此；最重要的是由人来决定计算机在哪些步骤中做什么。

4

情绪与媒体有何关系？

在成人的帮助下，孩子能一步一步学会安全地使用数字媒体。幼儿园可在这方面为孩子打下基础。孩子通过了解信息加工的方法、信息加工涉及的媒体，尝试自己运用这些媒体和方法处理信息，并学着不断反思，逐步获得媒体素养。然而，这里还缺少一个重要的环节——情绪在信息传递和信息加工中发挥着重要作用。

在社交媒体中，信息的情绪加工十分重要。

很多心理学技巧都被用于让人们相信某事，比如，精心选择措辞，隐藏意图，运用视觉诱惑等。有些人试图让其他人相信一些虚假的事件，愚弄或误导他人。很多人在互联网上操控信息，目的是让人做出有利于操控者利益的决定。运用互联网获取信息，人们需要很强的判断力。成人该如何帮助孩子正确使用互联网呢？

对情绪进行识别和命名

教师提供带有各种情绪表情的人脸图片，和孩子们一起讨论，每张图片上的面部表情意味着什么。向孩子提问："为什么画中的男孩在笑？"大多数孩子能推测出人们笑、哭或生气的原因。

讲述关于自己的故事

教师可以请孩子讲一个关于他自己的故事，并请他解释自己为什么快乐、悲伤或愤怒。孩子可以借助照片、自己画的画作等来讲述这样的故事。

探讨情绪

重要的是，不要让孩子把情绪视为会把自己淹没的潮水。幼儿园应该为孩子创设能定期谈论自己情绪的场合。一个简单而行之有效的方法是，让孩子谈论哪种颜色能让他快乐。每个孩子的答案各不相同，因而要请大家耐心倾听。

反思情绪

图书《罗比很后悔》[1] 有助于引发孩子之间谈论诸如 "愤怒" 之类的强烈情绪。这本书特别适合那些容易生气的孩子阅读。教师可以在孩子阅读后和他一起思考：有哪些策略能帮助人们更好地处理愤怒的情绪？能自我调节情绪是儿童情绪发展的一个重要里程碑。

---

① 德文书名为 *Robbi regt sich auf*。

质疑照片

在许多人看来，照片可以作为证据来证明某个特定问题。下面这个活动案例能帮助孩子意识到这个观点也许站不住脚。

教师出示一张照片，照片上是一棵树的树干，而且树干少了些树皮。教师提出问题：你在照片上看见了什么？有一个孩子说 "看见了一棵树"，有一个男孩说 "这棵树被折断了"，另一个孩子说 "不，它只长了一根树枝"，还有孩子说 "有头饿极了的狼在树上咬了一口" "有个骑士

想试试自己的剑有多锋利，就在那棵树上砍了一下"。孩子们的回答越来越多样化。

　　教师提醒孩子们，现在大家看到的是同一张照片。教师请孩子思考，这张照片是如何激发每个人的想象的？"当我看到那棵树时，就想到了一头狼。"一个男孩这样说。这里关键的一点是，教师要告诉孩子：即使呈现同样的照片或电影，每个人的理解和想象也不尽相同。在玩猜谜游戏时，也可以提醒孩子们关注到这一点。

　　以照片为线索构思故事也很有趣。媒体世界中，人们会使用很多照片，照片对信息传播有重要影响。自己拍照、看自己拍的照片、谈论照片，有助于孩子们磨炼自己的判断能力。

评价照片

　　"你真的不想看到自己的照片吗？"教师问孩子们。孩子们回答："我不想在照片上看起来很傻。""我不想自己看上去不好看。""我不想在浴室里洗澡时被拍照。"孩子们不停地思考，他们想得越来越多。这组孩子讨论后得出的结论是：不应该拍摄那些令人尴尬的照片。此时，教师把前一天给孩子们拍的肖像照拿给他们看。教师问孩子们是否喜欢自己的照片，也请其他孩子发表意见。有些孩子表示不喜欢自己的照片，尽管其他人认为这些照片拍得还凑合。让孩子们感到很讶异的是——似乎没有一条放之四海而皆准的规则，可以去判定一张照片到底是好还是不好。

现在，教师要推动孩子进一步思考。首先，教师请孩子们互相拍照，彼此都给对方拍三张肖像照：快乐的，悲伤的，还有愤怒的。第二天，教师把照片冲洗出来挂在教室的墙上，再请孩子说说哪些照片上人物的表情是快乐的、悲伤的，或是愤怒的。要做出准确的判断并不是件很容易的事情，这令每个孩子都很惊讶。那组挂在墙上的照片成为孩子们持续讨论的话题。

这个活动的意义在于让孩子明白：每个人对照片都有不同的看法，任何人在拍照时都必须考虑这一点。

5 理解媒体，使用媒体，
用媒体创作，对媒体进行反思

媒体素养是孩子们需要学习的技能。他们需要充分的指导、练习和反思，来学习对信息作正确分类。在幼儿园和接下来的几年里，孩子们会逐渐深刻地理解：情绪会影响一个人的判断，每个人都要学习避免遭受信息的操控，避免遭到错误信息的影响。

对家长和教师来说，这是一项艰巨的任务，但如果把该任务分解为理解媒体、使用媒体、用媒体创作和对媒体进行反思这四个步骤，就会变得容易些。

理解媒体

首先，要让孩子理解"什么是媒体""媒体

是用什么技术或设施传播的"。其次，要帮助孩子理解传播媒体信息的媒介。

平板电脑是一种可以用来呈现各种媒体的技术设备。例如，将平板电脑与互联网连接起来，人们就可以用平板电脑看电影或看书。

媒体是由信息、新闻和观点组成的。它既可以面向个体发布信息，也可以面向某些群体（比如家庭）发布信息。有些信息对整个国家的所有人，甚至对全世界的人都很重要。

当然，有些信息可能是错误的或者虚假的。在幼儿园时期，教师就应该通过各种活动，帮助孩子了解不同类型的媒体及其功能。

使用媒体

　　新的数字技术能使人们接触到难以想象的海量信息。孩子们应该知道，信息太多并不一定是好事。信息超载往往会让人产生不知所措、厌恶和绝望的情绪，所以人们应该对自己真正需要的信息做出界定。比如，孩子们计划去游乐场玩，但不想去拐角处平时经常去的那个游乐场，那么，他们如何就新的目的地达成一致呢？教师建议孩子们在互联网上搜索一下，看看所在的城市到底有哪些游乐场。上网查询后，孩子们发现城市里竟然有那么多的游乐场！　孩子们很快就意识到，在面临如此多的选择时做决定非常困难。这时，排除法就是一种有用的方法。教师请孩子们先排除一些距离太远的游乐场，随后，在剩下的游乐场中，他们选择最好玩的。孩子们根据游乐场的特色做出选择，把选出来的游乐场写在或画在卡片上，最后把卡片摆放在桌子上。从这些游乐场中选三个出来，就不再是一个难题。

　　处理海量的信息是需要不断练习的。任何人获得信息后都必须用某种标准来筛选信息。孩子应该有机会反复练习，以培养这种处理信息的能力和组织能力。

组织能力包括哪些内容？

- 能对自己进行评价。
- 能自我管理。
- 能反思自己的学习成就。
- 能自我激励并努力工作。
- 能分析工作的步骤，协调这些步骤并有目的地工作。

- 能对自己的学习负责。
- 能有目的地研究。
- 能坚持，即使这么做不能看到立竿见影的效果。
- 能设定个人目标。
- 能培养主观能动性。

用媒体创作

很多时候，唯有亲手操作才能真正地理解事物。这就是要为孩子创造机会，动手制作媒体的原因。不妨让孩子试试写日记。写日记既可以用一本空本子让孩子在上面写写、贴贴和画画，也可以在平板电脑上很轻松地完成。有几款应用程序可以实现这一功能，比如 Book Creator。

孩子可以自己制作视频，生动形象地把想要分享的信息呈现出来。视频的内容可以是孩子自己的故事，也可以是在水坑里发现蚯蚓的一则报道。孩子编一则谎言会惹家长生气，那就试试讲一个童话故事吧！应用程序 CoboStories 中的素材可以帮助孩子轻松地录制视频。

还可以指导全班孩子或一组孩子尝试创建自己的播客。孩子们可以报道郊游，评论午餐，或试着写新闻。为此，他们必须学习如何清晰准确地表达自己的想法，还要学习录音技巧。通过这样的活动，孩子将了解：什么是播客？如何将播客的内容放到网上？为什么人们愿意看播客？在活动中他们还会意识到：有时家长不能正确理解孩子说的话，甚至还会产生误解。

孩子通过与媒体打交道积累相关经验，这有助于他们更深入地理解媒体。孩子应该以不同的方式参与到媒体创作的活动中去，以便更好地学习使用媒体的技术能力。

技术能力包括哪些内容？

- 能独立处理媒体。
- 能使用平板电脑和适合儿童的应用程序。

- 能独立拍摄照片和视频。
- 能利用照片和视频呈现自己的行动。
- 能对媒体使用情况做出反思。

对媒体进行反思

我做得怎么样？我为什么要做这个决定？我为什么特别想加入这个小组？我为什么有这些朋友？向自己提问并认真思考，这是人们更好地认识自我的重要方法。

教师应该让幼儿园的孩子学着以这种方法来认识自己。了解自己，就能更好地支持自己，保护自己，与他人和谐相处。学习塑造了童年。在成长过程中，孩子改变的不仅是身体，还通过学习获得知识、技能和能力。成人应与孩子一起讨论这些成长经历。

对成人而言，重要的是帮助孩子认识自己的学习过程，并谨慎地指导他们。这听起来像是一项重大任务，会在很大程度上决定孩子们的发展成功与否。常言道，成功取决于细节。问对方"你好吗"很容易，然而，想要得到真实的回答，不仅需要有良好的交谈氛围，而且需要人们真诚以待。

判断能力包括哪些内容?

· 能质疑惯常的思维与行为。

· 能形成自己的观点, 并能做出解释。

· 能提出假设并进行检验。

· 能和他人交流不同的观点。

6

组织媒体教学活动的注意事项

在幼儿园阶段，孩子不具备读写能力。他们通过听、看和做来学习，即通过倾听别人说什么，观察别人做什么，以及对故事和图像中的信息进行加工来学习。

这就能解释为什么幼儿园阶段的孩子通过图片来学习是一种比较理想的方式。

如何以适宜的方式支持幼儿园孩子的媒体活动？

孩子对图画书较熟悉，在成人的指导下能创作自己的图画故事：在合适的图片上添加合适的文字，制作成自己的图画书。

视频是由许许多多图片拼接而成的。教师可以用一本翻页书向孩子解释视频的原理。

有了平板电脑和应用程序的帮助，现在每个孩子都可以用自己的照片来制作视频。然而，要制作出一段成功的视频，孩子既需要专注，又需要掌握一些必要的技能。视频中呈现的连贯动作，在照片中会被分解成许多不同的动作造型。应用程序可以将许多照片整合成一段视频，这个过程类似于我们大脑中的交互作用。

当然，在让镜头和应用程序发挥作用之前，人们必须先在头脑中构思一个故事脚本，孩子们必须事先设置故事的主人公，并设计故事情节。

讲故事，理解故事

充满情感地讲述一个故事，比严肃地陈述事实更容易为人们所接受。人们能从讲述的故事中获取知识。在讲故事的过程中，人们会将故事与自己的经验及知识建立联系。

讲述故事是媒体教育中最常用的方法之一。

在幼儿园的日常教学活动中，故事袋、故事盒、手偶、皮影戏等都是支持孩子讲述故事的材料，有很多方法可以将故事形象化。目前，故事片、卡通片、定格动画或电影叙事在社会上被广泛使用。通过使用平板电脑，孩子有可能掌握一些基础性的视频制作技术，而这些技术以前只为某些职业群体所掌握和使用。现在，孩子也可以制作视频，这扩展了表达的可能性，同时也方便孩子接触媒体。

开展媒体活动的注意事项

· 除了熟悉摄像机和照相机的功能外，孩子们还要熟悉平板电脑的录像和拍照功能。

· 在日常生活中，孩子们能很方便地使用这些设备。

· 教师要预先选择可供孩子使用的应用程序，并将其呈现在孩子可访问的应用程序库中。

· 如果使用应用程序，经验表明，应该将应用程序与活动分开介绍。否则，孩子们很快就会沉迷于探索应用程序的各种功能，很难将注意力集中在活动上。

· 孩子们的录音不能只存储在平板电脑上，而应定期转存在外部存储器上。

· 如果家长能认识到学习制作视频在日常学习中是有用的，他们就会给予支持。

· 让家长看到孩子工作的成果。

· 要向家长说明幼儿参与媒体活动的意义。

· 许多活动的主题是灵活的，可以被整合到各种更大的项目中去。同样，也可以根据孩子的年龄或发展水平调整其任务的复杂程度。

· 教师应基于之前对孩子的观察,帮助孩子选择合适的活动主题。孩子现在处于什么发展水平?他当前对什么感兴趣?他最近在忙些什么?总之,务必根据孩子的年龄和认知水平来选择适合的主题。

· 根据不同的主题,提供相关的书籍或其他材料。

· 孩子应该具备小组讨论的经验,并能就共同的规则达成一致。

· 孩子应该具备与同伴合作的经验,并能互相配合开展工作。

· 鉴于目前记录方式的多样性,在个别活动的描述中,本书未就具体用什么方式记录作特别说明。

· 孩子制作讲解视频,从中可以看出他的知

识水平。

    • 有条件的话，设置随时能把拍摄的照片打印出来的环境，打印的照片可以用于讨论和制作档案。当然也可以不打印照片，只在平板电脑上查看。

    • 为了方便与孩子一起工作，有些关键照片需要打印出来。

    • 在工作过程中反复地讨论，本身就是一种有意义的且尊重对方的工作方式。

    • 教师要尊重孩子们拍摄的照片和视频，并能就他们拍摄的内容一起进行讨论或思考。

7 照片项目

照片给人们提供了一种可能性，尽可能逼真地描绘现实，并长久地保存下来。有了照片，个人的记忆、发展的印迹都可以被记录下来并得以长期保存。然而，照片究竟是如何创作出来的呢？拍照时必须考虑哪些问题？照片真的和人们亲眼所见的一模一样吗？光影、透视技术和相机的正确操作一样重要。透过相机，孩子可以从不同的角度看世界，并把注意力集中在事物的细节上。摄影还能教会孩子批判性地看待照片的来源。通过学习和尝试绿屏抠像技术，孩子会明白并不是所有照片都是现实的真实反映。

拍摄圆形的物体

背景介绍

识别几何图形并正确命名是幼儿园孩子需要学习的数学经验。在日常生活中，认识形状，识别和区分不同的线索或符号对孩子来说也很重要。把生活中发现的各种形状用相机记录下来，然后进行讨论，这就给孩子创造了使用相机和平板电脑的机会。

活动条件

• 孩子已经对几何形状有了初步的经验。

• 至少 10 个孩子参加活动，以便形成讨论的氛围。

• 建议孩子两人一组参与活动。

活动准备

• 用诸如积木之类的材料摆出不同的几何形状。

• 提供一个可供孩子稍后独自探索的活动场地。

• 准备足够多的平板电脑或数码相机。

活动实施

· 组织孩子围坐在一起，向孩子介绍活动主题。

· 把一些几何形状的物品或拼搭出的几何图形摆放在孩子中间，请孩子给它们命名。

· 请孩子将注意力集中在圆形（或其他形状）上，教师解释本次活动的任务。

· 孩子两人一组，带着平板电脑或数码相机开始探索之旅，拍摄圆形（或其他形状）的物体。

· 之后，请孩子再次围坐在一起，展示拍摄的照片，并进行讨论。

· 教师可以再次请孩子出发去寻找其他形状的物体，也可以适当增加当前任务的难度级别。

· 孩子也许会对一些形状特征不明显的物品（如一个带方形外框的圆形插座）有疑惑。

· 教师组织孩子在一起，展示并讨论这些让他们有疑惑的照片。

活动反思

　　这是照片项目的第一个活动，教师应该先请孩子回顾平板电脑或数码相机的操作方法及相关功能，同时讨论他们是如何探索这些设备的。请孩子思考，寻找某种形状的物体并将其记录在照片上，到底是容易还是困难？此外，还要讨论周围环境中还有哪些形状，它们可能隐藏在哪里。

孩子学到的内容

- 使用平板电脑或数码相机拍照。
- 识别和区分不同的几何形状。
- 仔细观察。

背景介绍

如今，孩子在自然环境中探索的机会越来越少。究竟哪些物品来自大自然？哪些物品不是自然物？为什么灌木丛里和树上不会长出塑料物品？如何记录和讨论这些知识？本活动旨在提高孩子感知的准确性，发展他们的判断能力。

活动条件

• 孩子具备在自然环境中远足的经验。

• 孩子具备一些自然方面的基础知识。

• 本活动应以小组的形式进行。

活动准备

• 准备足够多的平板电脑或数码相机。

• 确定本次活动的地点，如校园、社区或公园。

• 如果孩子需要在户外待上一段时间，请务必准备数量充足的反光背心，并请孩子穿上反光背心。

• 如有必要，请使用一次性手套和垃圾袋。

活动实施

• 在教室中或直接在自然环境中，组织孩子围坐在一起。

• 教师向孩子解释本次活动的重点是寻找不属于自然界的物品，并用照片把它们记录下来。

• 孩子两人一组或以小组为单位，带着平板电脑或数码相机展开探索之旅。

• 引导孩子留意那些不太容易被关注的事物。

• 之后，请孩子再次围坐在一起，展示他们拍摄的照片，然后逐一讨论他们的发现。

• 与孩子一起讨论，这些物品是如何进入自然界的？它们是否对大自然有害？为什么？

• 与孩子一起讨论我们能做些什么，比如，可以把那些不属于大自然的垃圾收集起来再扔掉。

活动反思

　　组织孩子讨论大自然被污染的后果，植物和动物会发生什么变化？人们能做些什么呢？本活动的目的是让孩子判别哪些行为会对大自然造成伤害。经常利用照片开展此类反思活动，可以提高孩子的判断能力。此外，还可以引发孩子思考：为了促使人们都来关注这个问题，该如何将照片拍得更具冲击力？

孩子学到的内容

· 使用平板电脑或数码相机拍照。

· 开始意识到自然环境的重要性，以及环境保护的持续性。

· 仔细观察。

拍摄路上的交通工具

背景介绍

孩子几乎每天都会出门。他们或是乘坐私家车，或是乘坐公共汽车，或是步行去幼儿园。在日常生活中，孩子会以不同的方式出行，也能在路上看见各式各样的交通工具。

本活动的目的是请孩子仔细观察马路上还有什么车辆在行驶。对孩子来说，拍摄行驶中的物体是有挑战的。

活动条件

· 孩子应该提前讨论并了解交通规则，知道遵守交通规则。

· 至少有 10 个孩子参加活动，以便可以形成讨论的氛围。

· 建议孩子两人一组参与活动。

活动准备

· 准备足够多的平板电脑或数码相机。

· 在一个可以观察到交通工具的地方开展本次活动。

· 务必为孩子准备数量充足的反光背心，并请他们穿上反光背心。

活动实施

· 在教室中组织孩子围坐在一起,讨论在马路上行驶的各种交通工具。

· 教师解释本次任务,并组织孩子讨论活动中要遵守的交通规则。

· 教师带领孩子外出探索。

· 引导孩子把所有在马路上行驶的交通工具都拍摄下来。

· 组织孩子返回教室,进行集中讨论。

· 讨论孩子拍摄的照片上可以看到什么。

· 与孩子讨论照片中的不同交通工具,并向孩子提问:它们之间的相同之处和不同之处是什么? 为什么有些人在马路上开车,而另一些人则在路边骑车?

· 教师还要和孩子一起讨论平板电脑和数码相机的使用情况,询问孩子在拍摄行驶或移动的物体时是否遇到困难。

· 最后,比较活动前孩子讨论的内容与他们实际拍摄到的交通工具之间的异同,并就比较结果展开讨论。

　　在马路上行驶和移动的不只是汽车、卡车，还有其他交通工具。本活动的关键点在于让孩子意识到在马路上行驶和移动的不仅仅是那些一目了然的交通工具，还有其他一些容易被忽视的交通工具。另外，请孩子思考，如果要拍摄移动的物体，是否需要尝试与以前不一样的拍摄方法，比如用三脚架或其他装置来固定平板电脑或数码相机。

孩子学到的内容

- 使用平板电脑或数码相机拍照。
- 了解各种用动力驱动的交通工具。
- 进一步讨论交通规则和正确的交通行为。
- 仔细观察。

拍摄事物的细节

背景介绍

许多孩子一天中的很长一段时间是在幼儿园度过的。有人会认为，孩子入学几周后就会对校园很熟悉，甚至对幼儿园的每个角落、每条缝隙都了如指掌。情况真是如此吗？如果让孩子带着平板电脑或数码相机走出教室，他们就能从不同的视角去观察和拍摄校园里的一切，这会让他们获得哪些新发现呢？他们拍摄的照片中又会披露哪些细节？

活动条件

· 活动可从孩子熟悉的地方开始。

· 本次活动应以小组的形式开展。

活动准备

· 确定一个可供孩子独立探索的场地或区域。

· 为孩子准备好平板电脑或数码相机。

· 准备一些孩子在探索中可能会用到的游戏材料，如图书、手偶等。

活动实施

• 组织孩子围坐在一起，教师向孩子解释本次活动的任务。

• 请一部分孩子去拍摄某个地方或某个物品，请另外一部分孩子在教室等待"摄影师"归来，等待的孩子可能会无聊，教师可以利用这段时间组织他们看书或唱歌。

• 外出拍摄的孩子拍完一个主题后回教室，把拍摄的照片展示给其他孩子看。

• 其他孩子可以猜一猜，找一找，照片上的场景是在哪里拍摄的？拍摄的是什么？

• 即使孩子回答正确，也要请孩子简要讨论一下，他们是如何想到这个答案的，这个地方难找吗？如果孩子觉得有点难，就请他们说说难在哪里，以及下一次他们打算怎么做。

• 换一批孩子外出拍摄，重复上述活动过程。

• 根据孩子的年龄或发展水平，可以调整活动的难度：拍摄到的内容越是局部，就越难识别。

• 拍摄的照片可能会让孩子形成一段记忆。要形成这样的记忆，通常需要列出照片取景物品的全貌及放大的局部（详见第 178 页）。

活动反思

　　与孩子讨论本次活动中遇到的挑战：拍这些照片很难还是很容易？为什么？找出照片的拍摄地难不难？有没有无法辨认的照片？等等。

　　教师还可以与孩子详细讨论拍摄设备的放大功能：只有当相机或平板电脑靠近拍摄对象时才能拍摄到局部吗？

孩子学到的内容

・使用平板电脑或数码相机拍照。

・学习使用平板电脑或相机拍摄的缩放功能，利用这个功能聚焦物品的局部。

・空间思维的发展。

・仔细观察，寻找线索。

背景介绍

孩子会花大量的时间来创造性地表达自己的想法。他们搭建积木，画画，学习如何改变事物。在数字技术的帮助下，创作形式可以更多样化：一朵花可以看起来像地毯，一条彩虹可以由不同的材料制成……

活动条件

• 孩子有用平板电脑拍照的经验。

• 本活动在室内或室外均可开展。

• 本活动需要教师对孩子进行个别指导。

活动准备

• 准备足够多的平板电脑。

• 在平板电脑上安装应用程序 Coloring Cam。

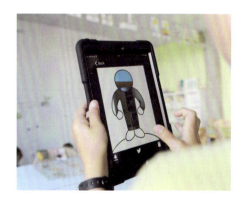

活动实施

- 教师向孩子解释活动任务。

- 先请孩子在平板电脑上探索这款应用程序能做什么。

- 确定某项设计任务并与孩子共同完成。

- 选择设计中需要的内容进行拍摄，并截取所需的部分。例如，为一朵花的每片花瓣设计不同的内容，随后拍摄不同的图片，然后一步一步地将这些图片插入不同的花瓣中。

- 可以使用不同寻常的或低结构材料作为背景（如地毯、木桌、电缆等）。

- 接下来，请孩子自己去做设计。

- 保存孩子完成的设计稿，大家一起观看。

- 组织孩子讨论应用程序中的各种功能及其用途。

一方面，教师要请孩子想一想，活动中是如何使用平板电脑的，要放大拍摄区域并保持平板电脑不抖动是否困难；另一方面，教师要与孩子探讨绘画之外其他设计的可能性，艺术设计有哪些形式，如何把周围的物品融入到艺术项目中去，数字技术如何支持这一设想等。

- 使用平板电脑的拍照功能。
- 了解一些摄影和设计技巧。
- 提升创造力。

背景介绍

孩子从小就会从各种媒体中接触到各种照片。当然，他们一开始无法区分哪些照片是现实的，哪些是虚拟的。应该让孩子明白，照片不一定是现实的反映。让他们以游戏的方式亲身体验现实和虚拟的转换，就能了解照片是如何被操纵的。

活动条件

• 孩子能用语言表达自己的想法。

• 孩子具有在互联网上搜索图片的经验。

• 本活动应以小组的形式开展。

活动准备

• 准备一块绿色的布或床单，并把它悬挂起来作为背景。

• 准备一台可以上网的平板电脑，并通过应用程序 Do Ink 使用绿屏抠像功能。

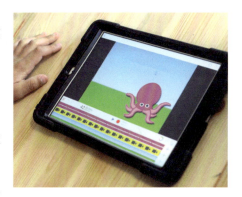

活动实施

· 组织孩子围坐在一起，询问他们想去哪里，并对他们向往的目的地进行分类。

· 组织孩子讨论，能否以自己梦想的目的地场景为背景给自己拍一张照片。

· 让孩子思考该设想的可行性，然后向他们解释本次活动。

· 选一个合适的场地，把绿色的布或床单展开，并挂起来作为背景，尽可能不要有褶皱。

· 请孩子在绿色的背景布前摆姿势，互相用平板电脑拍照。

· 请孩子在互联网上寻找与自己期望的目的地场景相符的图片。

· 把搜索到的图片加载到平板电脑上。

· 向孩子解释如何使用应用程序的相应功能来改变照片的背景，例如，将孩子的照片与海滩图片合成一张孩子在海滩的照片。

· 现在孩子可以用选定的背景图片编辑自己的照片。

活动反思

与孩子探讨有关真实与虚拟的问题：为什么照片会被篡改？其带来的后果会是什么？我们可以信任哪些照片？等等。告诉孩子，照片并不总是反映真实的情况，它们可以被编辑和修改，并讨论如何识别真实的图片。

孩子学到的内容

- 使用平板电脑拍照，了解绿屏抠像技术。
- 了解一些摄影和图片编辑技巧。

- 提升创造力。
- 了解互联网的搜索功能。
- 对照片进行批判性评价。

延伸活动

- 此外，还可以用其他材料开展绿屏拍摄活动。
- 把箱子的内部涂成绿色。箱子中间要有可放置物品的隔层。
- 把物品放置在这个"绿屏箱"里并拍摄下来。
- 这样拍摄的物品可以随意更换背景。

视频是由一帧帧独立的图片组成的，当这些图片被快速地拼接起来时，就被人眼感知为动态的视频。通过创作一本翻页书，可以让孩子探索视频的创作原理，帮助他们更好地理解视频是如何制作出来的。请孩子准备几张尺寸相同的纸，并在一侧用订书钉将它们钉起来。孩子可以在这本本子上画一个小人，每一页上这个小人的手臂和腿的动作应该不同。当孩子翻动这本翻页书时，就能看到自己画的小人在动。作为延伸活动，教师还可以通过每天拍一张照片的方式，把一段时间内水芹的生长情况记录下来。随后，和孩子一起把拍摄的水芹照片打印出来，按时间顺序把它们装订起来。这个方法也可以让孩子明白如何使拍摄的事物快速地动起来。此类小活动能帮助孩子更好地理解视频制作的原理，还可以帮助孩子认识到他们有能力制作视频，有能力自己选择视频主题。

视频项目主题

此处是一份视频项目主题表,可供教师参考。

健康

食物
- 健康食品和不健康食品
- 认识不同的水果和蔬菜
- 分发健康食品

精细动作技能
- 捏、握
- 打蝴蝶结

身体
- 说出身体各个部分的名称
- 了解并说出自己的需求
- 了解自己的感知觉

社会与文化生活

自尊
- 表达自己的兴趣爱好
- 展示自己
- 介绍自己的好朋友

社会群体
- 识别不同的情绪
- 承认个体之间的共性与差异性
- 同意并接受规则

文化多样性
- 认识其他国家
- 了解其他国家的习俗和节日
- 了解其他国家的语言

语言

书写
- 认识一些字
- 写下第一个字
- 体验日常生活中特殊符号的意义

第一外语
- 用英语给动物命名
- 用英语说出颜色
- 用英语数数

说话
- 知道语言可以押韵
- 说出自己的感受
- 复述一本书或一部电影的内容

艺术

创造
- 画一个故事
- 制作一本翻页书
- 做泥工

音乐
- 拍摄音乐视频
- 对声音进行分类
- 给故事配乐

戏剧
- 用积木拍摄定格动画
- 用日常事物讲故事
- 拍摄一条童话视频

数学

数字
- 识别数字
- 数到 10
- 书写数字

形状
- 识别几何图形
- 画形状
- 对形状进行分类

重量、大小、时间
- 按重量分类
- 按大小分类
- 区分日、周、月

科学

自然
- 认识不同的动物
- 认识不同的植物
- 认识不同的天气状况

技术
- 了解电路
- 了解导体和绝缘体
- 了解磁铁的功能

实验
- 了解水的性质
- 了解空气的性质
- 了解光学现象

背景介绍

为了帮助孩子探究视频是如何创作的，为了说明视频是由许多单独的图片拼接而成的，可以用单幅的儿童画制作视频。画画是孩子熟悉的且能发挥其创造力和想象力的一种表征方式，特别适合以视频的形式把绘画的整个过程记录下来。

活动条件

- 本活动对孩子学着拍摄第一条视频很有帮助。
- 孩子有画一些特定的人或物的能力。
- 本活动适合两人一组开展。

活动准备

- 孩子两人一组，每组投放一台平板电脑。
- 在平板电脑上安装应用程序 CoboStories，并将平板电脑安装在木架子上。
- 准备好纸和笔。

活动实施

• 教师介绍应用程序的功能,让孩子把自己画画过程中的一些步骤拍摄下来。

• 等孩子了解了这个应用程序是如何使用的,就向他们解释本次活动的任务。即一个孩子在木架子下面画画,另一个孩子控制上方的平板电脑,把画画的过程拍下来。

• 让孩子自己挑选绘画要用到的材料。

• 第一次活动可以从画一张简单的画开始,之后可以尝试复杂的作品。

• 一个孩子画画,另一个孩子每隔一段时间拍照记录。

• 画作完成后,要保存所有拍摄的照片,并制作成视频。

• 孩子一起观看剪辑好的视频。

• 在第二轮活动时,两个孩子互换角色。

• 在本案例中,孩子画了一棵有绿色树冠的大树,而且这棵树的树干上有个树洞。她先画出树的轮廓,然后再填充颜色。

活动反思

　　请教师与孩子一起思考如何把画一幅画拍成一段视频，思考如何将照片拼接成视频。视频中画面呈现的节奏是可以变化的，照片之间连接的速度可以很快，也可以将间隔时间拉长，这样，呈现创作过程的节奏可变快或变慢。另外，教师还要和孩子一起思考，在本次活动中遇到了什么困难，在使用平板电脑或应用程序时是否遇到问题。

孩子学到的内容

- 使用平板电脑的拍照功能，了解如何使用应用程序。
- 创作自己的视频。
- 促进精细动作的发展。

拍摄盒子里的故事

背景介绍

　　孩子的想象力使他们能用各种各样的物品创编故事。这种想象力也可以用于视频创作。孩子构思故事，学习如何在一个又一个不同的场景中讲故事。这个过程需要事先计划，必要时还要赋予孩子灵活调整场景的自由。这样，一段创意视频就诞生啦！

活动条件

· 孩子可以尽情发挥自己的创造力。

· 本活动应以小组的形式进行。

活动准备

· 将各种物品、玩具小人放在一个小盒子里。

· 准备足够多的平板电脑。

· 在平板电脑上安装相应的应用程序，并提供一个放置平板电脑的木架子。

活动实施

- 向孩子展示盒子里的物品。

- 鼓励孩子摆弄这些物品，并试着用它们编故事。

- 指导孩子按时间进程编故事，并规划某件道具何时出现，某个人物要做什么。

- 等孩子熟悉这些物品后，请他们将这些物品放回盒子里，并向他们解释本次活动的任务。

- 一到两个孩子承担故事表演的任务，一个孩子负责拍照片。

- 从故事一开始直到故事结束，故事情节每推进一步都要拍摄一张照片。例如，当画面上出现某个新的人物或建成一座新的建筑时都要拍照。

- 确保画面中能看见盒子，直到盒子里所有的材料都用完。最后，将盒子从镜头里移开。

- 保存拍摄的照片并制作成视频，和孩子一起观看视频。

- 在本案例中，故事发生在一个有湖的地方，湖边的石头越来越多，故事的主人公穿过森林来到湖边。

活动反思

　　教师和孩子讨论这段由照片合成的视频，一个小小的盒子里居然能藏下一个完整的故事，这是多么令人惊讶啊！和孩子一起思考，对其他人来说，用盒子里的材料创编一个完整的故事是否切合实际。作为活动的延伸，教师可以不断地缩小盒子的大小，提高活动的难度。

孩子学到的内容

　　• 使用平板电脑拍照，了解如何使用应用程序。

　　• 了解视频的制作过程。

　　• 创作自己的视频。

　　• 促进创造力和想象力的发展。

拍摄一份操作说明

视频项目

背景介绍

当孩子接触了新知识，如学习操作某个实验时，巩固这些所学知识很重要。请孩子准确复述实验过程，通过回顾和思考，这些知识能更好地被内化。至于具体是哪个实验并不重要，重要的是这个实验可以演示一定的操作步骤。

活动条件

· 孩子具备理解该知识或实验过程的能力，并能独立操作。背景音乐可视情况处理。

· 本活动最好两人一组开展。

活动准备

· 准备一套实验材料（本案例使用了一套搭建电路的玩具）。

· 准备足够多的平板电脑。

· 在平板电脑上安装相应的应用程序，同时把平板电脑装在木架子上。

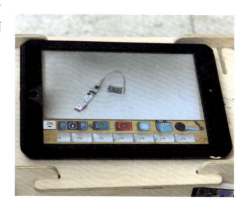

活动实施

· 本案例中选用了一套搭建电路的玩具，这些电子元件能以各种方式组装，连接出能发声、能动和能发光的电路。

· 向孩子介绍这套玩具并讲解其操作方法。

· 先让孩子摆弄这套玩具，熟悉这套玩具。

· 这套玩具中的电子元件可以按需要进行组合，但要帮助孩子搞懂，如果想要让它发出声音，电路中必须要有电源和扬声器。

· 等孩子熟悉了这套玩具，就向他们解释本活动的任务：制作一条视频，用这条视频说明如何使用该玩具。

· 与孩子一起规划整个过程，准备好所有要用到的材料。

· 在操作过程中，每个步骤都要拍照。例如，电路中每出现一个新的电子元件就要拍一张照片。

· 保存所完成的视频，与孩子一起观看。

活动反思

　　组织孩子讨论"视频说明书"的内容：所呈现的操作过程是否可以重复？以视频方式呈现，是否可以让那些不知道这套玩具怎么玩的孩子看明白其中的操作方法？为什么提前规划很重要？

孩子学到的内容

- 使用平板电脑拍照，熟悉应用程序的使用。
- 规划、提炼操作说明的大致要点。
- 以视频的形式编写操作说明。
- 仔细观察和清晰描述。

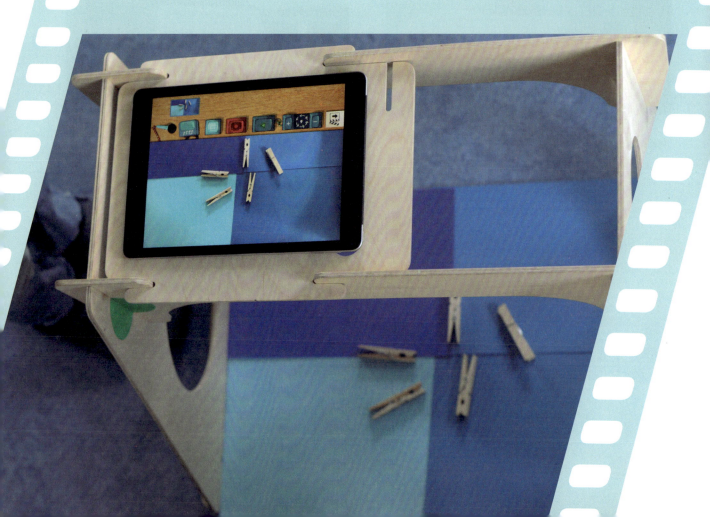

背景介绍

某些日常用品的外观或功能会使我们联想到人、动物或其他物品。用它们在视频或照片中进行表演，就仿佛能赋予它们生命。在本活动中，鼓励孩子摆弄这些日常用品并进行视频创作。那么，如何以一种全新的方式呈现日常用品，甚至让人们忘记它们原来的实际用途呢？

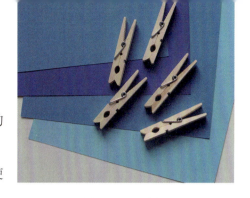

活动条件

· 孩子能用语言表达自己的想法。

· 孩子熟悉应用程序的使用方法。

· 本活动应以小组的形式开展。

活动准备

· 准备各种日常用品（如晾衣服的夹子、剪刀、海绵等），做手工的工具。

· 准备足够多的平板电脑。

· 在平板电脑上安装相应的应用程序，同时把平板电脑装在木架子上。

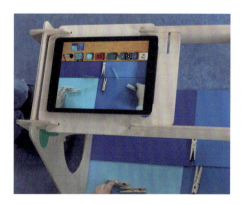

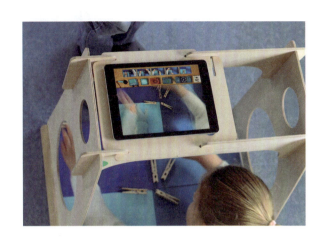

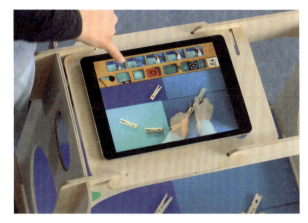

活动实施

• 本案例选择了以下材料：不同深浅的蓝色彩纸和晾衣夹，用以表现主题"海里的鱼"。

• 请孩子摆弄这些材料，并尝试用这些材料编个故事。

• 等孩子熟悉这些材料后，就向他们解释本次活动的任务。

• 教师鼓励孩子用身边可以拿到的材料进行故事创作。

• 现在，孩子可以将这些日常用品组合成各种场景，创编一个故事，并拍摄下来。

• 请一到两名孩子负责故事表演，另一名孩子负责拍摄。

• 把拍好的视频保存起来，大家一起观看。

• 还可以开展延伸活动，请孩子把日常物品设计成某个生物。

• 其他有创意的点子还包括：剪刀"吃"苹果，把棒冰棍变成木筏，把纸巾变成盛开的花，把绳子变成虫子，等等。

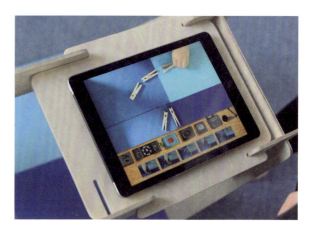

活动反思

　　教师引导孩子反思视频的创作过程及日常物品的使用：哪些步骤是活动中比较容易的，哪些步骤是活动中比较难的；哪些技术步骤特别重要，甚至非常具有挑战性；为什么充分的计划和大量的沟通在活动中很重要；在计划中需要考虑的内容有哪些等。

孩子学到的内容

· 使用平板电脑拍照，熟悉如何使用应用程序。

· 知道做事前需要先做一份计划。

· 创作自己的视频。

· 促进创造力和想象力的发展。

9

解读照片中隐藏的信息

如今，孩子面临着无数媒体的冲击，因此，孩子理解媒体、评价媒体的能力就显得尤为重要。成人应该让孩子了解照片和视频的创作过程，知道一些相关的技术，理解为什么眼睛看到的不一定是事实。要和孩子探讨这些问题，应该先与他们讨论每张照片背后的故事。每个孩子看到的照片背后的故事都一样吗，还是有不同的版本？经过讨论，孩子会意识到人们对照片的解读是不同的，每张照片只反映某个情境的一小部分。为了改变事实，有人会故意篡改照片，这么做会造成什么影响呢？引导孩子思考：任何时候都能允许其他人给自己拍照吗？什么情况下不可以让人拍照？广告是如何使用照片的？广告照片中所描绘的这些场景是绝对真实的吗？在这些具体的情境中，可供孩子讨论的问题就浮现出来了。

背景介绍

照片背后的故事是什么？用照片讲述故事，会让人们产生不同的解读。人们可以在照片中发现很多信息，例如，照片中的人经历了什么。此外，人们还可以从照片中找到线索，证明某张照片是在什么时候拍的。照片可以描绘过去，甚至能提供时间或事件的信息。通过编辑照片，可以在照片上模拟未来。

活动条件

• 孩子具备描述照片的能力，或者能对描述的场景提出质疑。

• 参与本活动的孩子最多不超过 10 人。

活动准备

• 提供适合本主题的照片，尽可能选择各类照片：黑白照片、彩色照片、老照片、数码照片等。

• 照片上的场景应包括不同的时代，例如过去和现在的学校、不同时代的汽车等。

活动实施

· 本案例选用了以下照片：介绍教育专家的照片，小学的照片，20世纪80年代的学校的照片，未来的学校建筑的照片，机器人老师的照片等。

· 组织孩子围坐在一起，教师向他们解释今天所看到的各种照片并进行讨论。

· 讨论每一张照片上的场景，它可能意味着什么。

· 询问孩子打算如何排列这些照片，理由是什么。着重讨论孩子提到的照片中的某个线索或某个特征。

· 按照孩子的建议把照片按顺序摆在地板上。

· 花点时间把按顺序排列的照片间的关系复述一遍。

· 与孩子一起仔细检查照片中的时间顺序，这有助于孩子更好地理解如何从照片中找出时间线索，并按时间排序。

活动反思

　　孩子应该学习如何去解读照片，寻找线索（例如，照片中人物的外貌和服装、照片的颜色变化、家具的外观等）以便按正确的时间顺序来排列照片。经验表明，对孩子来说，估计时间是特别困难的，通过这类活动可让他们进行这方面的练习。另外，本活动也能引发孩子思考不同时代创作的照片有何异同。

孩子学到的内容

- 从历史的角度审视照片。
- 将照片与故事联系起来。
- 初步了解不同时代的大致情况。
- 对照片进行解读并进行批判性评价。
- 仔细观察。

背景介绍

在广告中,照片发挥着重要的作用。隐藏在照片和文字背后的信息旨在鼓励人们去购买广告中的商品。因此,严谨地质疑广告是很重要的。从广告照片里能看到什么?它想要传达的信息是什么?在广告上看到的都是真的吗?孩子对这些重要问题应该有自己的思考。

活动条件

· 孩子具备描述和解读照片的能力。

· 孩子已经知道什么是广告,并能列举出一些广告。

· 参与本活动的孩子最多不超过 10 人。

活动准备

· 选择一则广告,提供一本相关主题的图书和用于复述故事的图片卡。

活动实施

• 本案例使用了与"幸运"这个主题相关的材料：一本相关的图书和一则果酱广告。

• 组织孩子围坐在一起，一起阅读图书。

• 为了更好地理解书中的故事，孩子可在图片卡的帮助下复述故事。

• 这些图片卡可以在某些主题与相应的照片之间建立关联，例如，很多人看到驴的图片就会想到欢乐。广告正是利用人们的这种联想能力来推销产品。

• 接着，请孩子讨论：什么是幸运？什么能让你觉得很幸运？需要拥有什么就能让人觉得幸运？为什么人们想要得到好运气？

• 展示广告并与孩子一起讨论，看到广告后想到了什么。如果有必要，把广告上的文字念给孩子听。

• 讨论广告中展示的内容是否真实。果酱能带来好运气吗？如果你吃了这种果酱，你会变得幸运吗？

• 讨论广告的重要性，以及人们为什么会认同广告。

活动反思

　　对广告进行批判性评价十分必要。教师应鼓励孩子批判性地看待广告，并让他们学着自己去判断。还可以讨论：看广告时会有什么期待？这些期待能实现吗？人们为什么要做广告？广告有什么用？

孩子学到的内容

- 对选定的主题进行哲学思考。
- 将图片与故事联系起来。
- 思考广告的意义。
- 解读图片并对其进行批判性评价。
- 仔细观察。

解读照片中隐藏的信息

背景介绍

在社交逐渐被数字化的社会中，照片或视频越来越多地出现在媒体中。孩子需要在这方面做好准备，他们应该明白，拍摄照片和视频前应征得自己和他人的同意。

活动条件

· 孩子具备描述照片的能力，能够说出自己的感受和想法。

· 参与这个活动的孩子最多不超过 15 人。

活动准备

· 用 A4 纸打印一些图片：表示"不可以"的红色手掌和表示"可以"的绿色大拇指。如有可能，打印出来后再塑封一下。

· 用拍照的方式记录该活动，用这些照片帮助孩子理解哪些情况下可以拍照，哪些情况下不可以拍照。

· 准备一台能连接打印机的平板电脑。

· 必要时提供各类道具。

活动实施

· 组织孩子围坐成一个圈，向孩子解释今天的任务，他们要对照片进行分类。

· 简要解释红色手掌图片和绿色大拇指图片所代表的意思。

· 引导孩子讨论喜欢在什么情况下拍照，什么情况下不喜欢拍照。

· 如果孩子不希望被别人拍照，说说他们

可以做什么。

· 请孩子试着创设一种积极的愿意被拍照片的情境（可以使用道具）。

· 用平板电脑把各种情境连同表示"可以"或"不可以"的图片一起拍摄下来，并将拍摄的照片打印出来。

· 可以把两张打印出来的图片（绿色大拇指／红色手掌）分别贴在墙上，这样孩子就可以把拍摄的照片贴在对应的图片下方，对照片进行分类。

活动反思

不同的孩子对同一场景有不同的看法。例如，某个孩子希望在生日那天拍照，而另一个孩子却不想在生日那天拍照。重要的是，教师要强调这两种情形都是可以接受的，同时，这也是在给别人拍照之前一定要询问对方意愿的原因。

孩子学到的内容

- 每个人都有拒绝的权利。
- 学着感知和应对不同的观点。
- 解读照片并进行批判性评价。
- 仔细观察。

从照片中读出人的情绪

背景介绍

不同的面部表情能表达不同的情绪和心情。为了应对自己和他人的情绪，孩子必须学习这些。同时，为了学着评估他人所处的情境，孩子也需要学着解读他人的面部表情。在未知的情况下，通过照片解读一个人的情绪与心情是有一定难度的。

活动条件

· 孩子具备用语言描述常见情绪的能力。

· 至少 10 个孩子参与讨论。

· 操作时建议两人一组。

活动准备

· 设计一款"看字说出情绪"的游戏（见右上图），如果孩子还不会阅读，可以将游戏改为"说出你知道的情绪"。

· 准备几台与打印机相连的平板电脑。

活动实施

· 组织孩子围坐在一起,向孩子解释本次活动是对情绪进行感知与解读。

· 开展"看字说出情绪"的游戏。比如,有一个孩子把指针转到了"焦虑"处,大家就一起讨论什么时候人会焦虑,引起焦虑的原因有哪些。教师和孩子一起试着做出焦虑的表情,并把这些表情拍下来。

· 孩子轮流转指针,接着大家一起讨论其他情绪,做相应表情并拍照。

· 当孩子对这个游戏的兴趣减弱时,就转入活动的第二部分。

· 孩子两人一组,一个人做出某种情绪表情,另一个人拍照,然后互换角色。

· 把打印出来的照片铺开,使每张照片都能被看到。

· 教师说出某种情绪,请孩子选出呈现相应情绪的照片。

· 与孩子讨论,是否每个人都能准确解读照片所表达的情绪。询问照片中的主人公,他拍照时想表达什么情绪。

活动反思

　　当孩子对某个表情持有不同评价时，一定要展开讨论：谁在照片中看到了哪种情绪？为什么一些孩子认为某张照片看起来是"焦虑"的，而有些孩子并不这么认为？照片中的什么特征让人感觉到"焦虑"？正是每个人感知上的差异，使得一个人的面部表情并不容易被解读。

孩子学到的内容

- 认识不同的情绪。
- 识别情绪的线索和标识。
- 解读照片并进行批判性评价。
- 仔细观察，知道每个人的感知是不同的。

背景介绍

孩子用服装和其他道具来表现角色。在孩子的日常生活中，角色扮演是很常见的，它能提高孩子的判断能力。在照片和视频中，人物所呈现的特征并不一定反映现实。对该问题的批判性评价是本次活动的重点。

活动条件

· 孩子具备表述人物特征的能力。

· 参加本活动的孩子最多不超过 10 人。

活动准备

· 准备好各种服装和道具。

· 提供不同职业人物的照片。

· 准备一个平板电脑。

· 如有必要，使用特征卡（详见第 180 页）。

活动实施

• 孩子围坐在一起，把照片背面朝上放在中间，再逐一将这些照片翻过来。

• 请孩子说说照片中的人是谁，从事什么职业，他是如何辨认出照片中人物的职业的。

• 可以尝试用特征卡来寻找线索，如对教师这个职业来说，哪些特征是有趣和重要的。

• 梳理孩子的想法，并分享他们的不同意见。

• 孩子尝试说说不同职业的典型道具有哪些。

• 孩子尝试扮演不同职业的人物并互相拍照。

• 请孩子一起看看他们拍的照片，同时把活动一开始呈现的照片也摆出来，引导孩子对这两者作比较。

• 讨论这两者的异同。

活动反思

　　将讨论引向照片与现实的关系：照片里的人真的从事这个职业吗？你是怎么知道的？为什么某些特征会与某种职业联系起来？演员到底是干什么的？

　　本活动的焦点在于引发孩子对现实世界与虚构世界的思考。有些照片是真实的，有些照片是经过处理的。你怎么知道照片里的人是不是演员？在不知道照片中人物真实身份的情况下，是否能判断一张照片是真实的？此类问题都有待孩子去讨论。

孩子学到的内容

- 了解与不同职业相关的特征。
- 促进对角色扮演的理解。
- 对照片进行解读和批判性评价。
- 感知和观察的提升。

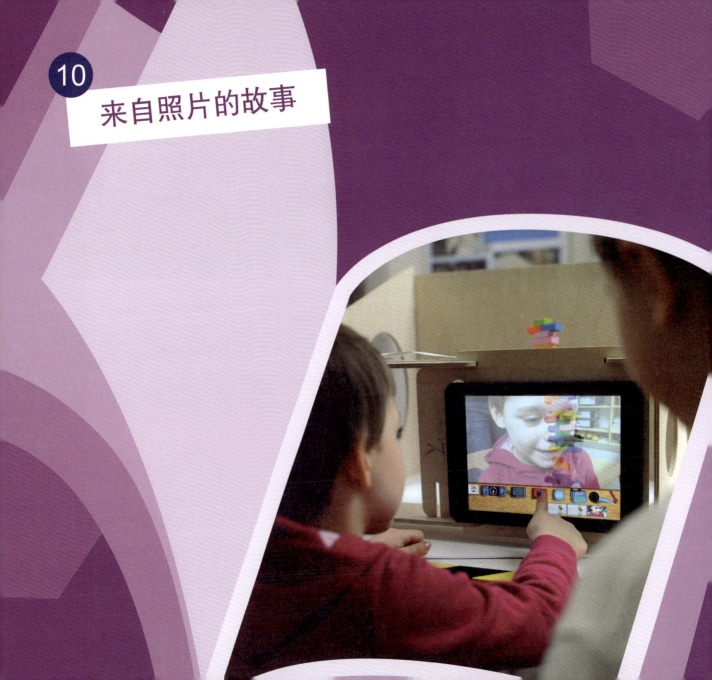

10

来自照片的故事

"我们该怎么讲述这个故事呢？按什么顺序讲？什么信息是重要的？什么信息是可以省略的？"这些问题并不容易回答。无论是报道一项实验，还是把童话故事改编成视频，以上这些问题都有着举足轻重的影响。一名优秀的教师知道如何与孩子一起规划活动，他不会说"只管去做吧，但在技术上我帮不了你"，也不会只强调秩序和计划的重要性。他知道，与孩子一起谈论目标也很重要：我们最终希望达成什么目标？我们希望观众感受到什么？为了达到这个目标，该用什么样的顺序讲故事？为了达到这个目标，该选用哪些照片制作视频？

讲述我自己的故事

背景介绍

用具体的问题向孩子提问时，他多多少少能说出一些与自己有关的事情。他会说自己喜欢什么或不喜欢什么，他的朋友是谁，或者他最喜欢的动物是什么。但是，用有趣、易理解的方式把所有这些信息连贯地讲出来是有难度的。如果事先做好计划和设计，孩子就可以用视频的方式呈现自己的信息和故事。

活动条件

• 孩子会使用应用程序 Puppet Pals HD。

• 本活动应以个别指导的方式进行。

活动准备

• 准备足够多的平板电脑，而且都要连接互联网。

• 平板电脑安装相应的应用程序。

活动实施

· 告诉孩子本次活动的任务是用平板电脑制作一段介绍自己的视频。

· 请孩子思考一下，他想要在视频中展现自己的什么信息或是什么故事。

· 接着，孩子给自己、自己的朋友或其他很重要的人或物拍照。

· 孩子还可以在互联网上搜索相关的照片。

· 也可以把孩子自己的绘画作品的照片插入到视频中。

· 所有照片必须存储在平板电脑上，以便在应用程序中使用。

· 打开应用程序，对照片进行裁剪，选择背景等。

· 可以请孩子给自己的故事配上解说。

· 孩子的年龄越大，介绍自己时就会越全面："我的优点是……我的特别之处是……我的愿望是……"

· 把制作好的视频保存好，并展示给孩子家长和其他孩子看。

活动反思

　　教师单独和某个孩子一起观看其制作的视频，并和孩子展开讨论。询问孩子在制作视频时有什么困难和困惑，让孩子感受到教师对他的作品很感兴趣。

孩子学到的内容

- 熟悉应用程序的使用。
- 学着审视自己。
- 了解视频的制作过程。
- 创作介绍自己的视频。
- 提升叙事能力和表达能力。

背景介绍

每一天，孩子都会经历很多事情，这些事情可以和家长与朋友分享。为了让别人理解某件事情，精确地描述事情发生的先后顺序是极其重要的。复述故事可以帮助孩子学习这一技能。

活动条件

• 孩子具备把某些人或物画出来并进行命名的能力。

• 孩子熟悉应用程序CoboStories及其功能。

• 本活动应以小组的形式进行。

活动准备

• 准备一本孩子们当前感兴趣的书。

• 准备足够多的纸，笔，手工材料和剪刀。

• 准备一个平板电脑。

• 在平板电脑上安装相应的应用程序，并将平板电脑安装在一个木架子上。

活动实施

· 教师大声朗读一个故事，随后引导孩子一起复述这个故事。

· 讨论故事中的人物和情节。

· 请孩子根据自己的想法画出故事中的人物和场景，注意细节也表现出来。

· 所有画完的人物和场景都要剪下来。

· 当孩子复述故事时，把符合故事情节的人物和场景一个接一个放到桌面上，用平板电脑拍摄下来。

· 用照片或视频记录下复述故事的整个过程。

· 大家一起观看所制作的照片或视频。

· 延伸活动：在视频中插入一些文字或添加一段音乐。

活动反思

　　确保一个小组中孩子的人数不要太多，这样每个孩子都能清楚地看到整个过程，每个人也都有机会操作，从而充分发挥孩子的创造力。和孩子一起认真反思是否以正确的先后顺序复述了故事，如果下次再要复述故事，还可以用什么别的方法，有何需要改进之处。

孩子学到的内容

- 仔细聆听并记住故事的每个细节。
- 策划一个故事脚本。
- 创作自己的视频。
- 促进精细动作的发展。

背景介绍

在生活中，孩子随时会接收丰富的信息。他们可以尝试用一种结构化的方式把获得的知识记录下来，还可以对某个具体问题的既定论点或假设进行检验。

活动条件

· 孩子已经有做小型实验的经验。

· 本活动应以小组的形式进行。

活动准备

· 提供充足的实验材料，以便至少可以进行两次实验。

· 准备足够多的平板电脑。

· 给平板电脑安装应用程序 Puppet Pals HD。

活动实施

· 本案例中准备了以下材料：试管，塞子，水和泡腾片。

· 教师向孩子解释实验。教师事先将该实验过程以照片的形式记录下来。教师务必准确地描述每个实验步骤。

· 孩子分工合作，一部分重复该实验步骤，一部分拍摄照片。

· 教师和孩子一起浏览所拍摄的照片，并讨论哪些照片对于记录实验过程非常重要（实验材料也要拍摄下来）。

· 孩子尝试将照片制作成视频来解释实验过程。这就意味着孩子还要提出实验假设，解说实验中的注意事项。

· 将完成的视频保存下来，供大家一起观看，并说说这个实验是否验证了实验假设。

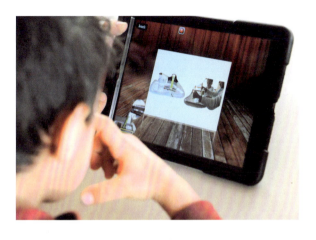

活动反思

　　和孩子一起对这个视频进行反思：是否按照正确的顺序记录了实验过程？实验步骤完整吗？哪些步骤可能被省略了？在下次做实验记录时，有哪些需要特别注意的事项？

孩子学到的内容

- 关注科学现象，愿意探索其因果关系。
- 策划一个拍摄脚本。
- 自己制作视频。
- 感知和观察能力的提升。

制作定格动画

背景介绍

可以用积木与玩具小人来拍摄定格动画。先创编一个故事，然后一帧一帧把它拍摄出来。例如，可以用积木来搭建景观、建筑物、游乐场等，然后把这个过程拍摄下来。大多数孩子对积木很熟悉，也知道如何用这些材料来创作。在创作视频时，孩子的这些经验是很有用的。

活动条件

- 孩子具备搭积木的能力。
- 本活动应以两人一组的形式开展。

活动准备

- 提供足够多的拼插类积木。
- 准备足够多的平板电脑。
- 在平板电脑上安装应用程序 CoboStories，并将平板电脑安装在木架子上。

活动实施

• 请孩子构思一个故事，设计故事场景，并思考如何利用积木呈现该场景。

• 刚开始时，故事务必不要太长，以便让孩子先熟悉定格动画是怎么制作的。

• 故事和场景设计好了，要将故事分解成一帧一帧独立的画面。

• 本案例是制作建筑物如何一砖一瓦搭建出来的视频，那么重点要放在搭建上。

• 请一名孩子用积木搭建，另一名孩子拍摄搭建的过程。

• 在整个搭建过程中，每搭建一步都要拍一张照片，每出现一个新的人物也要拍照。

• 把完成的视频保存起来，请孩子一起观看。

活动反思

　　教师引导孩子一起反思定格动画的创作过程：故事分解成小的片段容易吗？下次还可以用什么不同的方法来试试？拍摄的单帧画面是如何组成动态视频的？为何提前设计好脚本如此重要？在这个活动中遇到了什么困难？

孩子学会的内容

- 了解一项特殊的视频制作技术。
- 设计故事脚本。
- 制作自己的定格动画。
- 促进精细动作的发展。

探索 3D 打印

背景介绍

有了 3D 打印机的加持，孩子的空间思维能力将会得到提升，并能与专业技能结合。孩子们会知道物体都有高度、宽度和深度。通过独立地设计与制作三维物体，孩子会了解如何根据一张两维的设计图制作出一个三维的物体。

在 3D 打印中，每个物体的结构设计都由程序完成，然后再传输到打印机上。3D 打印机的工作原理是加热纤维使其软化，再用软化的纤维一层一层地打印，等纤维硬化后，作品就完成了。

为了让孩子明白空间中的几个维度，可以先组织一次导入活动：解释两维与三维的区别。例如，可以请孩子测量一下自己的身体有多高、多宽、多厚。

活动条件

· 安排一次参观活动,带领孩子去看看如何用 3D 打印机打印物品。如果幼儿园有 3D 打印机就更方便了。幼儿园添置 3D 打印机,除了购买 3D 打印机外,还要购买 3D Wi-Fi 盒 ①(用于将绘制的设计图从平板电脑传输到打印机)。

· 如果幼儿园有 3D 打印机,教师事先要进行一次打印测试,确保自己知道 3D 打印机的所有重要功能及其设置。

· 教师在进行 3D 打印测试之前,还要熟悉一个流程:需要打印的物品必须经过数字切片。

活动准备

· 准备足够多的纸、笔、手工材料和剪刀,各种积木和道具,还有足够多的平板电脑。

· 在平板电脑上安装应用程序 CoboStories,并将平板电脑安装在木架子上。

---

① 原文为 Doodle 3D Wi-Fi Box。

活动实施

• 带领孩子参观 3D 打印时，请指导他们完成一份 3D 打印作品。

如果使用幼儿园的 3D 打印机，可以参考以下内容进行操作：

• 教师向孩子讲解创造一个三维物体的步骤。

• 孩子展开讨论，需要为后续的讲故事活动制作哪些物品。

• 请孩子把要制作的物品画出来。

• 教师向孩子介绍本次活动涉及的应用程序，请孩子尝试用该程序在平板电脑上绘图，并让他们自己探索该程序的各种功能。

• 要打印的物品最好从简单的几何图形开始，如一个圆或一个正方形，这样孩子就能理解 3D 打印的工作原理。

• 请孩子试着把之前画的物品在应用程序中创建出来。

• 通过二维模板，孩子可以自己向打印机发送打印命令。

• 如果使用三维模板，教师要帮助孩子完成

编辑和数字切片。

　　• 请注意，模板中选用的颜色与实际打印出来的物品的颜色并不匹配，物品的颜色取决于打印机里纤维的颜色。

　　• 孩子观察整个打印过程。

　　• 在活动的第二部分，孩子们分组，用他们自己 3D 打印制作的人物、道具等，结合其他所需的材料讲述一个故事。

　　• 孩子自己设计故事场景，并试着把故事和场景分解成一个个单独的步骤。

　　• 把平板电脑安装在木架子上，这样就可以像在剧院里那样拍摄故事了。

　　• 直到故事全部结束，每个步骤都要拍照。

　　• 把用照片制作的视频保存起来，组织孩子一起观看，还可以和家长一起分享。

活动反思

　　在本次活动中，讨论焦点可以放在 3D 打印上：打印过程中哪些步骤比较顺利？哪些步骤有困难？ 3D 打印机是如何工作的？ 3D 打印可以有哪些应用场景？

孩子学到的内容

- 了解 3D 打印技术，促进空间思维发展。
- 设计故事脚本。
- 制作自己的视频。
- 促进精细动作的发展。

11

微观世界

人们用眼睛观察世界。如果更接近事物，更仔细地观察它们，就会有许多新发现。那么，更仔细地研究这些事物，把它们放大许多倍，会看到什么呢？它们看起来会跟原来一样，还是会展现一个新世界？显微镜头被用来研究日常生活和自然界中微小的物体或生物是怎样的。通过显微镜头，孩子会意识到并不是所有事物都像第一眼看上去的那样。孩子要学着运用技术工具解决问题。

显微镜下的物体

背景介绍

　　孩子总是想要更深入地探索自然，了解关于动植物的更多细节。为了准确地观察和感知，可以使用显微镜。在显微镜下，肉眼看不到的结构能被揭示出来。这会大大增强孩子观察和探究的兴趣。

活动条件

　　• 本次活动的目的是更深入地探索。

　　• 本活动可以两人一组的形式开展。

活动准备

　　• 确定一个场所或区域，供孩子独立探索。

　　• 准备一台平板电脑，平板电脑上安装一个数码显微镜①。如果可能的话，将平板电脑连接到打印机上。

---

① 数码显微镜（ProScope）可以直接连接到平板电脑上，用于放大物体。

活动实施

• 教师向孩子介绍数码显微镜。

• 孩子探索数码显微镜的用途。

• 让孩子开展一次探索之旅，了解如何使用数码显微镜去观察树叶、蚂蚁、木头等。

• 请孩子在使用显微镜和不用显微镜的情况下，分别对观察对象拍照，以便之后进行比较。

• 当孩子收集了足够多的照片后，再次集中讨论。

• 让孩子猜猜用显微镜头拍的照片中的物体是什么。

• 请孩子讨论用显微镜和未用显微镜拍摄的照片之间的差异。

• 延伸活动：联系活动"拍摄事物的细节"（详见第 86 页），请孩子收集某个物品三类不同的照片（未使用缩放功能拍摄的照片，使用放大功能拍摄的照片，显微镜头下拍摄的照片），通过三类照片的比较，让孩子更清晰地认识微观视角。

活动反思

　　和孩子一起思考，为什么日常生活中看到的物品与在显微镜下看到的不同。一起讨论被拍摄物品的特征，讨论为什么查看物品放大后的样子很重要，以及在哪些领域人们需要将物品放大后进行观察。作为活动的延伸，可以让孩子更细致地探索显微镜的功能及其产生的图像。

孩子学到的内容

- 熟悉数码显微镜的功能。
- 了解日常物品的细微结构。
- 开展发现性学习。
- 提升感知和观察的能力。

探究水坑的秘密

背景介绍

很多孩子喜欢在水坑里跳来跳去。对孩子来说，探究水坑下面是什么样的，水坑里蕴藏着什么秘密，无疑是令人兴奋的。水坑里只有清澈的水，还是有其他东西？孩子可以用各种镜头来探索。

活动条件

- 本活动可以在雨后或冬季进行。
- 先请孩子熟悉蛇形管内窥镜[①] 的用法。
- 活动可以小组的形式展开。

活动准备

- 透明容器，几个舀水用的小容器，滴管。
- 准备足够多的平板电脑、数码显微镜和蛇形管内窥镜。

---

① 原文为 Snake Scope，要选择能直接与平板电脑连接的那一款。

活动实施

• 本活动要趁着雨后，或冬天水坑里结冰时进行。

• 组织孩子围坐在一起，向孩子解释本次活动的任务：一起讨论水坑里可能有什么。

• 请孩子用蛇形管内窥镜来探究水坑。由于水坑的深度不同，一开始屏幕上也许什么都看不到。

• 准备好透明容器和舀水用具，以便从水坑里取水的样本。孩子可以将蛇形管内窥镜放入装有水的样本的透明容器中，并在平板电脑的屏幕上观察水里有什么东西。

• 回到教室后，可以用数码显微镜对水的样本做进一步观测。

• 用滴管滴取少许水的样本。

• 用数码显微镜进行观察和拍照。

• 讨论调查结果，看看是否与一开始孩子的预期相符。

　　和孩子讨论：在水坑里发现了什么？有哪些生物？为什么水坑里的水看起来和你想象的完全不同？另外，还可以开展延伸活动，将从水坑里取来的水与自来水或饮用水进行比较，分别用数码显微镜观察和拍照。

孩子学到的内容

- 熟悉数码显微镜和蛇形管内窥镜的使用。
- 检测水样本的成分。
- 开展发现性学习。
- 提升感知和观察的能力。

观察显微镜下的昆虫

背景介绍

厨房里的苍蝇，树间的胡蜂，草地上的蚂蚁——昆虫的确是非常微小的生物。然而，它们是日常生活的一部分，也是自然环境不可分割的一部分。

在数码显微镜的帮助下，孩子可以观察放大了很多倍的昆虫，并发现一些惊人的细节。

活动条件

· 如果孩子已经认识某些种类的昆虫并能说出它们的名称，这将有助于活动的开展。

· 活动应以小组的形式进行。

活动准备

· 确定一个能发现很多昆虫的区域，稍后供孩子独立探索。

· 准备透明的容器，盘子和一些铲子。

· 准备足够多的平板电脑、数码显微镜和蛇形管内窥镜。

活动实施

- 向孩子解释本次活动的任务。
- 孩子可以在草地上、树上或其他地方寻找昆虫。
- 孩子可以使用数码显微镜观察发现的昆虫并拍照。
- 如有必要（如树洞等处），孩子可以用蛇形管内窥镜进行探索。

- 请孩子拍一些精彩的照片。
- 孩子可以用透明容器收集一些昆虫，以便近距离观察。一旦完成观察，就要把昆虫放掉。
- 孩子拍摄昆虫某些部位的放大图，并就此展开讨论。
- 可按昆虫栖息地的不同和昆虫的类别，组织不同的主题讨论。
- 请孩子翻阅所有照片，并说说自己对昆虫的认识。

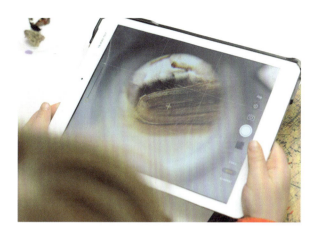

活动反思

　　与孩子讨论他们在显微镜下发现了什么，哪些细节让他们特别惊讶，为什么有些昆虫身上或腿上有细小的毛，这些毛有什么作用，以及昆虫对环境的重要性。另外，还要讨论数码显微镜和蛇形管内窥镜的使用，这些设备是否能让人们更细致地观察微小的生物呢？

孩子学到的内容

- 熟悉数码显微镜和蛇形管内窥镜的使用。
- 获取有关昆虫及其栖息地的知识。
- 开展发现性学习。
- 提升感知和观察的能力。

附　录

这里提供了一些如何使用照片的灵感。例如，用数码显微镜拍摄的照片可以制作一本特别的相册，或者可以让孩子做一些配对练习。

记忆卡

特征卡

推荐在活动"辨认照片中人物的职业"（详见第 136 页）和活动"讲述我自己的故事"（详见第 142 页）中使用特征卡。这些卡片可以帮助孩子归纳一个人的特点或描述一个人的外貌。

表情

a. b.

c. d.

e. f.

手势

a. b.

c. d.

e. f.

年龄

a. b. c.

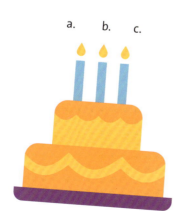

服饰

a. b.

d.

c.

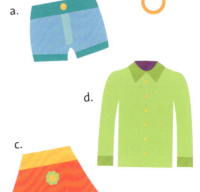

181

作者介绍

安特耶·博斯特尔曼是一位教育家和视觉艺术家。1990 年，她创办了 Klax 教育集团，这是一个在德国和瑞典拥有托儿所、幼儿园和其他各级学校的跨国教育机构。她提出了一个现代教育理念——将孩子作为教育工作的中心。该集团下所有分支机构都以这个教育理念为办学宗旨。在 20 年中，她出版了 50 多种教育类图书，其中包括不少畅销书。目前，她和三个孩子居住在德国柏林。

叶小红，毕业于华东师范大学，教育学博士。现为江苏省教育科学研究院幼儿教育与特殊教育研究所研究员，中国学前教育研究会常务理事、游戏与玩具专委会委员，江苏省陈鹤琴教育思想研究会学术委员会副主任，江苏省学前教育学会副秘书长，凤凰智库特聘专家，江苏省课程游戏化项目指导专家。近年来，翻译了《早期教育中的生成课程》等国外学术著作 5 种。

图书在版编目（CIP）数据

幼儿园媒体教育 /(德) 安特耶·博斯特尔曼著；叶
小红译. — 上海：上海教育出版社，2023.3
ISBN 978-7-5720-1859-6

Ⅰ.①幼… Ⅱ.①安… ②叶… Ⅲ.①多媒体教学 –
学前教育 – 教学研究 Ⅳ.①G612

中国国家版本馆CIP数据核字(2023)第045002号

Published under the original title *Medienpädagogik in Kindergarten und Grundschule. 23 Ideen für die Bildungsarbeit mit 4- bis 8-jährigen Kindern* © Bananenblau Verlag 2019, Berlin/Germany
The simplified Chinese translation rights arranged through Rightol Media
Simplified Chinese translation copyright © 2023 by Shanghai Educational Publishing House
ALL RIGHTS RESERVED

本书中文简体版权经由锐拓传媒旗下小锐取得 Email:copyright@rightol.com
本书中文简体字翻译版由上海教育出版社出版
版权所有，盗版必究
上海市版权局著作权合同登记号 图字：09-2021-0354号

责任编辑　管　倚
美术编辑　王　慧
封面装帧　赖玟伊

Youeryuan Meiti Jiaoyu
幼儿园媒体教育

出版发行　上海教育出版社有限公司
官　　网　www.seph.com.cn
地　　址　上海市闵行区号景路159弄C座
邮　　编　201101
印　　刷　上海展强印刷有限公司
开　　本　889×1194　1/24　印张 7⅔
字　　数　158 千字
版　　次　2023年3月第1版
印　　次　2023年3月第1次印刷
书　　号　ISBN 978-7-5720-1859-6/G·1721
定　　价　88.00 元

如发现质量问题，读者可向本社调换　电话：021-64373213